8°Z
LE SENNE
11 143

LA MARCHE

... end La Marche fin courant !
... célèbre parc de La Marche, où tant de ...
... fracturèrent, et où tant de cœurs sportifs ...
... nouveaux propriétaires interdiront-ils au ...
... accès de leur *coursing-place* ?
... est douteux, et je vous dirai tout à ...
... pourquoi.
... avant ces pronostics, il faut esquisser ...
... oire de La Marche depuis les *steeple* les ...
... reculés jusqu'à nos jours.

※ ※

... vers la fin du règne de Louis XIV que ...
... illart, célèbre par son talent au billard et ...
... re de la guerre, fit élever à La Marche ...
... et-Oise, commune de Marnes), une rési- ...
... de villégiature.
... tre-vingts ans plus tard, Marie-Antoi- ...
... acheta La Marche, dont le lac et les sites ...
... les la séduisaient, y fit construire une lai- ...
... et y mena cette vie royalement champêtre ...
... aimait tant !
... enu bien national, le parc de La Marche ...
... uis par M. Boulanger qui, en 1827, le ...
... au peintre Arnold Scheffer, qui, en ...
... le vendit à M. Decaze, qui le céda à la ...
... le de Maleyssie.
... an auparavant, les fameuses courses ...
... *country* avaient été inaugurées.
... nature du terrain se prêtait merveilleuse- ...
... aux exercices périlleux, mais amusants, ...
... eple-chase.
... es, douves, fossés, rivières, rigoles, murs ...
... re, murs de terre, banquettes irlandaises ...
... tre nationalité, tout ce qui sert à ennuyer ...
... mbes des chevaux et à casser la tête des ...
... mes s'y trouvait réuni.
... Marche ne tarda pas à s'illustrer par la vo- ...
... nt elle jouissait et les terribles accidents ...
... suscitait.
... mi les accidents les plus notables, on cite ...
... 85., la chute du vicomte de Tournon, qui ...
... pendant une heure sans connaissance ; la ...
... le même jour, du grand crack *Black-Devil*; ...
... après, la chute du jockey Goodman, qui ...
... it le crâne contre le mur du potager.
... omptement remis en selle, raconte un ...
... en, Goodman continua son parcours ...
... tre préoccupation que de faire ruisse- ...
... lui-même les flots de sang coulant de ...
... are, afin de ne pas perdre de son poids ...
... ang qu'il aurait perdu en route. »
... 856, un coureur pédestre anglais Brok- ...
... t inscrire et disputa le prix aux che- ...
... n d'un simple caleçon, il remporta ...
... de grande taille.
... 1858 fut marquée par de nombreux ...
... cules et de tibias.
... ..., on courut le grand steeple- ...
... dont le principal obstacle était ...
... mètres de larg... ...
... ... de profondeur.
... ... de La Marche, qui avaient lieu ...
... an, se continuèrent ainsi avec ...
... accidents jusqu'à la fin de l'Empire.

SAINT-CLOUD

COUP D'ŒIL RÉTROSPECTIF SUR SON HISTOIRE

SAINT-CLOUD

COUP D'ŒIL RÉTROSPECTIF SUR SON HISTOIRE

Quête à la grille du Château.

J. STAIR

SAINT-CLOUD

SON HISTOIRE

SON ORIGINE. — SON DÉVELOPPEMENT

LA COMMUNE AU XVIᵉ SIÈCLE
LES PRUSSIENS (1814), ENCORE LES PRUSSIENS (1815)
TOUJOURS LES PRUSSIENS (1871)
RENSEIGNEMENTS DIVERS.

Dessins par
GILL, FÉLIX Y..., BEYLE, A. MOREAU, J. STAIR

Carte avec les positions prussiennes

PARIS

CHEZ TOUS LES LIBRAIRES

1871

SAINT-CLOUD

SON HISTOIRE

En visitant des sites riants embellis par les arts, animés par les fêtes, but de promenade et de plaisirs, on se persuade avec peine que le même sol a longtemps retenti de cris de guerre et du choc des armes, qu'il a été le théâtre de tragiques évènements et de grandes catastrophes ; cependant le contraste plaît à l'imagination des hommes ; celui des agitations du passé avec la paix du présent ajoute à l'attrait des lieux parcourus ; on aime à y évoquer de grands souvenirs et aucun lieu peut-être n'en rappelle davantage que le bourg et la résidence royale de Saint Cloud. C'est ainsi que s'exprime l'auteur d'une notice historique sur Saint-Cloud, publiée en 1846. On voit combien les temps sont changés depuis cette époque, et cet écrivain serait bien embarrassé de reconnaître dans l'amas de ruines que nous avons devant nous la jolie ville qui fut le Saint-Cloud d'autrefois, avec son château tour à tour royal, national et impérial.

Saint-Cloud (dans l'origine Novigentum, Novagens, Nogent) doit son nom de Saint-Cloud à Clodoald, fils de Clodomir, petit-fils de Clovis, que des seigneurs franks arrachèrent à une mort certaine, alors que ses oncles Childebert et Clothaire massacraient ses deux frères Théodewald et Gonther.

Clodoald, que sa mère aurait cependant mieux aimé voir *mort que tondu,* devint dans la suite religieux et se retira dans un monastère qu'il fit bâtir sur la rive gauche de la Seine, au bout de la forêt du Rouvre, dans une petite bourgade nommée Nogent, qui après sa mort prit le nom de Clodoald ou Saint-Cloud.

Saint-Cloud doit à sa position élevée, à son voisinage de la capitale, au fleuve qui coule à ses pieds, son importance. Les Prussiens l'ont bien compris dans la dernière guerre en se vengeant sur lui, comme on sait, de leurs attaques impuissantes contre cette ville immense, dont ils pouvaient saisir les moindres détails en plongeant leurs regards du haut de leurs formidables batteries [1].

---

1. On prétend que les Prussiens, prévenus de l'armistice quelque temps avant la sortie du 19 janvier, se voyant forcés de subir encore des pertes inutiles pour résister à cette attaque, si meurtrière des deux côtés, se vengèrent en achevant de brûler ce qui restait encore de Saint-Cloud. Des témoins oculaires sont

Saint-Cloud. — Tête du pont.

Les reliques de saint Clodoald furent l'occasion de pèlerinages sous les premiers Capétiens. En effet, pour les soustraire au pillage d'une soldatesque barbare, dans les troubles si nombreux à cette époque, les habitants les portaient dans Paris, où ils allaient en grande pompe les chercher quand le calme renaissait. On voit ces processions dès l'année 809.

Le pont de Saint-Cloud qui reliait ce village à Paris devait nécessairement prendre une grande importance ; aussi fut-il construit très-solidement en pierre et en bois, avec ponts-levis, créneaux, fossés et même une forteresse au milieu du pont. On en fait mention vers 841, alors que Charles le Chauve vint avec son armée camper entre Saint-Denis et Saint-Cloud, pour empêcher son frère Lothaire de franchir ce passage avec l'armée qu'il ramenait de Belgique et de Champagne.

En 1307, comme il menaçait ruine, on le reconstruisit au moyen d'un droit levé sur les habitants avec l'autorisation du roi.

L'amodiation de ce droit pour deux ans, faite à Jean de Provins, montait à 360 livres.

En 1358, les Anglais, unis aux gens d'armes du roi de Navarre, se rendirent maîtres du pont et

---

là pour affirmer que, même après l'armistice, les Prussiens les avaient empêchés d'éteindre l'incendie qui consumait leurs demeures.

de la tour, et massacrèrent une partie des habitants.

Sous Charles VI, on voit le pont pris par les Armagnacs et repris par les Bourguignons.

En 1411, un capitaine bourguignon, Collin de Puisieux, livra la forteresse du pont aux Armagnacs. A cette nouvelle, le duc de Bourgogne sort de Paris avec 1,500 hommes résolus, pendant une nuit obscure (*on était en novembre*), et, au point du jour, il se présente devant le pont, enlève la forteresse, s'empare du village et surprend le capitaine Collin dans son lit. Ramené à Paris, Collin fut décapité, et ses membres exposés dans les différents quartiers de Paris pour servir d'avertissement aux parjures et aux traîtres!

Pendant les guerres de religion, Saint-Cloud servit encore de théâtre à différentes luttes entre les catholiques et les protestants, auxquels il appartint successivement.

En 1556, Henri II fit reconstruire le pont à ses dépens.

(1589). Nous arrivons à Henri III, qui permit aux habitants d'entourer Saint-Cloud de murs et de fossés, et qui fut obligé de le reprendre à coups de canon quelques années plus tard.

Après la journée des barricades, Henri III, ayant traversé Saint-Cloud, *opéra sa jonction* avec l'armée de Henri de Bourbon et revint attaquer Paris, que défendait le duc de Mayenne et la Ligue.

Paris, tête du royaume, etc.

Il établit son camp à Saint-Cloud sur les hauteurs, et le roi de Navarre prit ses quartiers à Meudon. Le Roy avait, en réunissant les deux armées, 42,000 hommes, tandis que Mayenne n'avait au plus que 8,000 soldats mal aguerris.

On prétend que le Roy découvrant Paris de la maison de Gondi, archevêque de Paris, qu'il habitait, prononça ces paroles qui ont reçu de nos jours une si triste application : *Paris, tête du royaume, mais tête trop grosse et trop capricieuse, tu as besoin d'une saignée pour te guérir, ainsi que toute la France de la frénésie que tu lui communiques!* — Du reste, ce siége est curieux à plus d'un titre. — Paris était aux abois.

Connaissant sa position, Mayenne, qui le défendait, l'avait acceptée résolûment.

Les *Seize* prononcèrent la déchéance de Henry de Valois, et ses sujets furent déliés, par décret de la Sorbonne, du serment de fidélité. Mayenne était proclamé lieutenant général *de l'État et couronne de France.*

Partout des écrits infâmes étaient répandus. Pamphlets, discours, prédications, gravures, libelles, tout était bon! (Les journaux périodiques n'étaient pas encore inventés.)

Voici un passage de la satire Ménippée, de Pierre Pithou, qui peut donner une idée de l'état des esprits. Cela se publiait dans Paris :

Apprenez donc, villes libres, apprenez par notre

dommage à vous gouverner d'oresnavant d'autre façon, et ne vous laissez plus enchevestrer comme nous avons fait par les charmes et enchantements des prescheurs corrompus de l'argent et de l'espérance que leur donnent les princes, qui n'aspirent qu'à vous engager et rendre si faibles et si souples qu'ils puissent jouir de vous et de vos biens et de vostre liberté à plaisir. Car ce qu'ils vous font entendre de la religion n'est qu'un masque dont ils amusent les simples, comme les renards amusent les pies de leur longue queue, pour les attraper et manger à leur aise.

Un autre, le docteur Boucher, curé de Saint-Benoist, farouche ligueur et un des Seize, disait en parlant du roi :

Ce teigneux est toujours coiffé à la turque d'un turban, lequel on ne lui a jamais vu ôter, même en communiant, pour faire honneur à Jésus-Christ; et quand le malheureux hypocrite semblait d'aller contre les reîtres, il avait un habit d'Allemand fourré et des crochets d'argent qui signifiaient la bonne intelligence et accord qui étaient entre lui et ces diables noirs empistoletés. Bref, c'est un Turc par la tête, un Allemand par le corps, une harpie par les mains, un Anglais par la jarretière, un Polonais par les pieds et un vrai diable en l'âme.

Après le siége il se réfugia en Flandre et y fit l'apologie du crime de Jean Châtel.

Un autre, Jean Lincestre, curé de Saint-Gervais, disait en chaire aux assistants, le mercredi des

Cendres 1589, *qu'il ne leur prêcherait pas l'Évangile ce caresme, pour ce qu'elle était commune et qu'un chacun la sçavait, mais qu'il prêcherait la vie, gestes et faits abominables de ce perfide tyran de Valois contre lequel il dégorgea infinités de vilenies et d'injures.*
N'oublions pas le petit père Bernard, Rose, recteur de l'université, Feuardent, Pigenat et Bourgouin, prieur des jacobins: c'étaient les plus violents dans leur langage.

C'est alors qu'un jacobin, Jacques Clément, homme ignorant, d'un esprit étroit et borné, se laissant entraîner comme il arrive toujours aux imbéciles dans ces exaltations générales des cerveaux, résolut de tuer le roi.

Encouragé par les personnes qui l'entouraient, il se rendit à Saint-Cloud sous prétexte de remettre au roi une missive d'Achille du Harlay, et parvint non sans peine auprès du roi.

Il s'agenouilla devant lui, et, pendant que le roi lisait avec attention le papier qu'il venait de lui remettre, Jacques Clément tira de sa manche un couteau *« et lui donna tel coup dans le bas ventre que les entrailles en sortirent avec du sang en grande effusion. Le roy voyant l'ombre du couteau avait paré de la main qui fut un peu offensée, mais elle n'empescha pas l'impétuosité du coup donné à plomb et de toute la force du religieux. »* Le roi s'écria aussitôt: *« Malheureux, que t'ai-je donc fait pour m'assassiner? »*
Il eut encore la force de tirer le couteau de sa

blessure et d'en frapper le front du régicide, que M. de la Guesle renversa d'un coup d'épée. Les gentilshommes de la chambre, accourus au cri du roi, achevèrent l'assassin et jetèrent le corps par la fenêtre.

Henri III mourut bientôt après, et en lui s'éteignit la dynastie des Valois. Alors commença la dynastie des Bourbons, qui devait avoir plus tard le même sort dans le même endroit. Le roi de Navarre, qui, au moment de l'assassinat était au Pré-aux-Clercs, près les faubourgs Saint-Germain, accourut en toute hâte, suivi de vingt-cinq gentilshommes, parmi lesquels Rosny, La Force, d'Aubigné, etc.

Comme il allait entrer, après la mort du roi, dans la maison de Gondi où se trouvait le cadavre, la garde écossaise se jeta à ses pieds en s'écriant : « Sire, vous êtes à présent nostre roy et nostre maistre. »

Quelque temps plus tard, Henri IV, à son tour, faisait le siége de Paris. Après la bataille d'Ivry, il s'empara du pont de Charenton, ainsi que de celui de Saint-Cloud, pour affamer la ville. C'est pendant ce siége que le roi, voyant passer en cachette des provisions de bouche aux assiégés par ses soldats, congédia les Parisiens surpris en leur donnant quelque menue monnaie : « Allez, leur dit-il, le Béarnais est pauvre ; s'il en avait davantage, il vous le donnerait. » Pendant ce temps

Vue du pont de Saint-Cloud au xviiie siècle.

des femmes mangeaient dans la ville leurs propres enfants.

Après toutes ces guerres civiles, Saint-Cloud commença à prendre une autre tournure ; on vit les fortifications s'écrouler, les fossés se combler, les talus s'aplanir, et bientôt de gracieux palais, de riches villas vinrent donner à Saint-Cloud cette élégance et cet air aristocratique qu'il avait conservés jusqu'à la dernière guerre.

La maison de Gondi, l'*illustrissime archevesque*, dans laquelle était mort Henri III, passa entre les mains d'un contrôleur général des finances, Hervard, qui y dépensa plus d'un million de livres. Mazarin, à l'aide d'une ruse, parvint à la lui racheter 300,000 livres et la fit donner au jeune duc d'Orléans, Monsieur, frère du roi Louis XIV. Ce dernier y ajouta les maisons voisines de Fouquet, de Monnerot, du Tillet, de Charost de Duverdier, et fit construire un palais sur un nouveau plan. Lepautre, Girard, Mansard et Le Nostre en firent à peu près le château que nous avons connu.

En 1670, Saint-Cloud fut encore le théâtre d'un événement tragique. Henriette d'Orléans, fille de Charles Ier et première femme de *Monsieur*, y mourait empoisonnée. C'est à cette occasion que Bossuet fit sa fameuse oraison funèbre de Madame Henriette d'Angleterre, comme on l'appelait alors.

« O nuit désastreuse, nuit effroyable ! où retentit

comme un éclat de tonnerre cette étonnante nouvelle : Madame se meurt! Madame est morte! Au premier bruit d'un mal si étrange, on accourut à Saint-Cloud de toutes parts : on trouva tout consterné, excepté le cœur de la princesse. Partout on entend des cris, partout on voit la douleur et le désespoir et l'image de la mort. Le roi, la reine, *Monsieur,* tout est abattu, tout est désespéré... »

Pouvait-on mieux rendre le tableau de ce qui se passait à Saint-Cloud le 29 juin 1670 ?

Saint-Cloud reprit vite son air de fête ; les larmes furent essuyées : Louis XIV avait tellement peur de s'ennuyer !

Le 28 août 1671, fête pour le roi ; le 21 novembre, fête pour le mariage de Monsieur, qui épouse en secondes noces Élisabeth-Charlotte de Bavière.

Le 2 juin 1673, grande fête offerte par *Monsieur* au roi, pour la naissance à Saint-Cloud du duc de Valois, et le 14 septembre 1676, fêtes pour le baptême du duc de Chartres, né à Saint-Cloud le 2 août 1674, et la naissance de Mademoiselle de Chartres, sa sœur, née à Saint-Cloud le 13 septembre 1676.

En 1674, le roi avait érigé la terre de Saint-Cloud en duché-pairie en faveur de François du Harlay, archevêque de Paris. En 1677, grande fête offerte au roi par Monsieur à l'occasion de l'inauguration de la galerie d'Apollon. Elle dura du 10 au 15 octobre.

En 1679, fêtes pour célébrer la paix de Nimègue.

En 1680, c'est pour le dauphin qui vient à Saint-Cloud pour la première fois.

En 1681, le roi et la reine y passent huit jours.

En 1682, fêtes pour l'ambassadeur de Maroc. C'est lui qui s'arrêta pour contempler le pont avec ses quatorze arches. On lui raconte que l'architecte, ne pouvant le finir, promit au diable de lui donner l'âme de celui qui le franchirait le premier. Le pont achevé, l'architecte fit passer un chat que le diable emporta, furieux d'avoir été trompé.

L'ambassadeur répondit en souriant : « *On ne doit pas espérer de gagner quelque chose avec les Français, non plus que de surprendre ceux qui savent tromper le diable.* »

En 1686, fête pour célébrer le succès de l'opération faite sur la personne du roi par Félix, chirurgien. Un poëte contemporain dit :

> Que Félix, *trop heureux!* fit en perfection
> La fatale opération !

et il ajoute que les diamants et les rubis font si grand effet au bal, que leurs éclats

> Fixent cent fois de plus grands lustres
> Que toute la clarté des lustres !

Plus tard les ambassadeurs de la Grande-Bretagne, de Portugal, d'Alger, de Siam, sont tour à tour reçus à Saint-Cloud.

L'ambassadeur de Venise y vient en 1689 et voit tirer une loterie fameuse par la richesse des lots.

En 1683, Louis XIV s'y retire pour pleurer Marie-Thérèse.

En 1688, baptême de Mademoiselle de Chartres.

En 1695, une manufacture de poterie blanche, compacte, translucide, porcelaine blanche, était fondée; habilement dirigée par un sieur Morin, son propriétaire, elle devint dans la suite la manufacture de Sèvres.

Le 9 juin 1702, Monsieur, de retour de Marly, expire à Saint-Cloud, frappé d'apoplexie.

Les fêtes ne reprirent que deux ans après sa mort.

En 1717, Pierre le Grand; en 1721, Méhémet-Effendi, y étaient reçus.

En 1722, le 8 décembre, Charlotte de Bavière y mourait.

Le 20 mars 1726, un bal masqué y est donné par la duchesse de Chartres.

En 1735 et les années suivantes, grandes fêtes, célébrées dans des descriptions illustrées, en prose et en vers. On faisait préparer de grands bateaux qui ramenaient chez eux les Parisiens, éblouis de tant de merveilles. Il y avait alors deux fêtes : une pour le peuple et une pour la cour.

A cette époque, le duc de Chartres fit, dans le

parc de Saint-Cloud, une ascension en ballon avec Dampierre, tué général de la République sous les murs de Valenciennes, les deux frères Robert et Collin-Hullin. Ils furent obligés de crever le ballon ; la descente eut lieu rapidement, mais sans accident, dans le parc de Meudon.

Ce duc de Chartres était le père de Louis-Philippe, plus tard roi.

Il céda Saint-Cloud à Marie-Antoinette, qui fit quelques changements, et fonda un hospice à Saint-Cloud, 1788. La mode était alors d'aller à Saint-Cloud. « Au bas des Tuileries stationnaient les lourdes galiotes goudronnées, où s'entassaient les voyageurs. D'autres se disputaient une place dans les batelets avec tant d'ardeur et d'acharnement, qu'ils les faisaient parfois chavirer. Des sentinelles placées sur la berge comptaient les passagers, et les empêchaient de se mettre plus de seize dans la même embarcation. C'était déjà bien assez. » — « On croiroit, dit Mercier, que les Parisiens veulent se noyer dans la Seine par amour pour elle, tant ils s'aveuglent sur le péril. C'est à qui entrera le premier dans le batelet ; alors c'est presque un combat entre la garde, qui leur donne des coups de bourrades pour les empêcher de se noyer, et les badauds, qui ne veulent pas désemparer le batelet chargé, qui déjà s'enfonce. Cela forme spectacle ; le sergent et les sentinelles haranguent le peuple avec une colère vraiment patriotique.

Le peuple est sourd et opiniâtre, parce qu'il veut aller à Saint-Cloud.

« L'embarquement est si tumultueux et si confus, qu'il y en a toujours quelques-uns qui tombent à l'eau. On les repêche ; mais cela ne ralentit pas l'ardeur des poursuivans. Les plus prudents s'entassent sur des charrettes, qui sentent les choux et le fumier qu'elles voiturent toute la semaine. De petites demoiselles endimanchées, montrant d'abord leurs jambes, escaladent la voiture à jour. Les voilà rangées comme une marchandise à vendre, et pressées, Dieu sait ! Dès que le charretier jureur a donné le premier coup de fouet, toutes les têtes féminines ballottent, les bonnets se dérangent, les fichus aussi ; c'est le moment des petites licences ; et les gros mots du charretier semblent préluder au ton du jour.

« Si la charrette ainsi chargée rencontre un équipage, pour peu qu'il la heurte, toutes les petites demoiselles pirouettent ; elles crient d'effroi, tandis que les vieilles font la grimace. Mais quand l'essieu casse, comme toute la compagnie est assise sur des chaises mobiles, ces chaises augmentent le désordre en soulevant les petites jupes bourgeoises ; il n'y a point là de panneaux pour voiler les accidens de la chute, c'est une clameur perçante au milieu des risées des spectateurs. Le charretier ne songe qu'à son *rossin* tombé, tandis que le gauche cousin ne sait s'il débarrassera sa cousine

ou sa tante. C'est à travers deux cents chocs des plus rudes et autant de contre-coups, que la vieille charrette rend enfin à Saint-Cloud la petite bourgeoisie cahotée, qui brave tous les accidens de la route, parce que cette voiture est la plus économique.

« Lorsqu'une petite demoiselle a fait deux ou trois promenades de cette espèce, elle connoît à fond la langue des charretiers et celle des plaisants licencieux. On diroit qu'elle n'y entend rien ; mais elle n'a pas perdu une seule de ces expressions énergiques, qui font paroître, il est vrai, la voix de son amant plus honnête et plus douce, mais qui l'invitent en même temps à quelques gaudrioles non encore prononcées.

« Cette petite bourgeoisie débarquée se jettera, pour dîner, dans des cabarets, où on lui donnera du vinaigre fouetté pour du vin, et de mauvaises viandes mal cuites, à un prix exorbitant. Mais quoi! c'est le jour de la fête! Si le vin est détestable, le grand jet d'eau doit aller. Tous ces cabaretiers semblent faire payer la vue des cascades, et taxent le peuple outre mesure. Fripons privilégiés; parce que la famille royale vient quelquefois embellir ces lieux par sa présence, ils maîtrisent les dîneurs affamés. Les tantes crient au scandale ; mais les petites demoiselles endimanchées ont tant de plaisir à voir les bosquets, le jeu des eaux et le feu d'artifice, qu'elles consentent à jeûner. Elles ne se plaignent point de l'abstinence du jour: elles ont mal dîné, et ne souperont pas, mais elles se sont promenées; et les cahots de la charrette revenant le soir ont encore été, sont et seront toujours des plaisirs. »

La révolution éclata bientôt après, et un décret du 5 mai 1793 réserva Saint-Cloud *pour l'agrément des citoyens de Paris.*

Ce fut à Saint-Cloud que, le 18 brumaire 1799, Bonaparte, après avoir refusé le serment à la constitution au conseil des Anciens, entra dans le conseil des *Cinq-Cents* qui siégeait dans l'Orangerie, et fit évacuer la salle par ses grenadiers : — *Au nom du général Bonaparte, le Corps législatif est dissous; que les bons citoyens se retirent! grenadiers, en avant!* s'écrie Murat. La République apprenait à mourir.

Premier consul, Bonaparte fit de Saint-Cloud sa résidence habituelle. On accommoda le château à ses goûts militaires : les boudoirs de Marie-Antoinette disparurent. En 1805, eut lieu une fête pour le baptême du prince Napoléon-Louis, fils aîné de la reine Hortense, auquel Pie VII assista. Après la mort de ce jeune prince, Napoléon se décida à contracter une alliance qui lui permît d'avoir des héritiers. Il quitta Joséphine, et ce fut dans la chapelle du palais de Saint-Cloud qu'eut lieu, le 1ᵉʳ avril 1810, le mariage civil de Napoléon avec Marie-Louise d'Autriche. A cette date, on répara les deux arches du milieu du pont, que Henri III avait fait couper et qui étaient faites en bois. Elles

La fille au caniche. — Foire de Saint-Cloud.

furent reconstruites en pierre. Le moulin qui était situé sur l'extrémité voisine de la rive droite fut démoli, les filets furent enlevés, des bornes furent placées de chaque côté ; en un mot, il fut restauré, élargi dans sa totalité.

L'année suivante, la naissance du roi de Rome répandit une joie universelle. L'empereur voulut célébrer son bonheur d'une façon digne de lui, et, le 15 août 1811, une fête splendide fut préparée. Tout alla pour le mieux jusqu'au moment où un orage épouvantable vint éteindre les feux de joie sous des torrents d'eau, et faire disparaître subitement dans la nuit cette fête qui s'annonçait si brillamment la veille. On en tira de fâcheux augures.

Népomucène Lemercier répondit alors à Napoléon, qui lui demandait: « Quand nous donnerez-vous une belle tragédie?

— Bientôt, sire; j'attends ! »

Le poëte n'attendit pas longtemps. La retraite de Russie, en 1812, en fut le premier acte. Les invasions la continuèrent.

En 1814, le 31 mars, Saint-Cloud fut occupé par l'avant-garde du corps du général russe comte Langeron, qui y vint au nombre de 6,000 hommes d'infanterie, cavalerie et artillerie. Paris ayant capitulé la veille, le palais ne fut nullement endommagé.

Le 7 avril, l'état-major autrichien vint s'y installer et y resta jusqu'au 3 juin suivant.

Le 25, le roi de Prusse et ses deux fils vinrent le visiter.

Le 11 mai, l'empereur de Russie le visita également.

Le 16, le prince de Schwartzemberg y donna une fête très-brillante où assistèrent les souverains alliés et un grand nombre de princes étrangers.

Le 17, l'empereur d'Autriche visita le parc et le palais.

L'année suivante, année de la seconde invasion, le 2 juillet 1815, les Prussiens, qui avaient passé la Seine au Pecq, s'emparèrent de Saint-Cloud. Le pont ayant été coupé la veille par les Français, une vive fusillade s'engagea d'une extrémité à l'autre. Aussitôt que Paris se vit sur le point d'être entouré, un conseil, composé des maréchaux présents à Paris et de plusieurs lieutenants généraux commandants de génie et d'artillerie, se forma, et voici les questions et les réponses qui furent faites :

1° Quel est l'état des retranchements et des armements ?

R. Sur la rive droite, incomplets, mais satisfaisants. Sur la rive gauche, nuls.

2° L'armée peut-elle défendre les approches de Paris ?

R. Pas longtemps, elle manquerait de vivres et de retraite.

3° Peut-elle recevoir le combat sur tous les points à la fois ?

R. Non.

4° En cas de revers, le général pourrait-il s'opposer à l'entrée de vive force?

R. Aucun général ne peut répondre des suites d'une bataille.

5° Y a-t-il des munitions suffisantes pour plusieurs combats?

R. Oui.

6° Peut-on répondre du sort de la capitale, et pour combien de temps?

R. Il n'y a aucune garantie à cet égard.

Le maréchal prince d'Eckmühl quitta le conseil qui s'était tenu à la Villette, et se rendit à Montrouge.

Là, il prit encore conseil des généraux Excelmans, Drouot, Pajol, Valmy, Vandamme. Bientôt après il reçut la visite de Carnot, ministre de l'intérieur. Ils parcoururent ensemble les troupes rangées en bataille sur les hauteurs de Montrouge et décidèrent qu'on traiterait.

Le maréchal fit prévenir le général Ziethen, qui commandait l'avant-garde prussienne. Cet officier répondit *brusquement* qu'il n'avait rien à démêler avec le gouvernement provisoire, qu'il fallait s'adresser au général en chef Blücher. Celui-ci fit répondre qu'il voulait consulter Wellington.

Enfin un colonel, aide de camp de Ziethen, vint chercher les commissaires et les fit passer par Vaugirard et Issy.

Là, des tirailleurs échangeaient déjà des coups de fusil avec les Prussiens barricadés dans le village.

Arrivés à Saint-Cloud, les commissaires trouvèrent les Prussiens installés comme dans un camp.

« Blücher, a-t-on écrit, qui depuis longtemps avait contracté l'habitude des mœurs dures et sauvages, parut prendre plaisir à fouler aux pieds les produits les plus précieux des arts et à insulter, par ses souillures, à la magnificence et à l'industrie française. Le héros de la Prusse avait pris pour son logement l'appartement de Bonaparte. Il couchait dans son lit; mais, accoutumé sûrement à reposer dans les camps tout habillé, il suivait la même méthode. Nous avons visité cet appartement après son départ et nous y avons trouvé les draperies, les franges, tous les ornements de l'ex-empereur souillés, déchirés par les bottes et les éperons du général prussien. Suivi continuellement d'une meute de chiens, il les faisait coucher sur une ottomane placée dans l'ancien boudoir de l'archiduchesse d'Autriche Marie-Louise. De toutes parts, enfin, on voyait les traces de la barbarie et de la vengeance.

« Le château et le parc de Saint-Cloud, occupés par les Prussiens, ressemblaient à un camp de Cosaques. On ne rencontrait en tous lieux que des bivouacs d'infanterie et de cavalerie; et ce qui devait affliger davantage les yeux français, c'est la vue du pillage auquel étaient livrés ces beaux lieux. Blücher lui-même donnait l'exemple ; et, outre les objets d'art extrêmement précieux , il s'appropria les tableaux de la famille de Napoléon, qu'il emporta comme autant de trophées. »

Blücher, Gneisnau, chef d'état-major de l'armée prussienne, reçurent les commissaires; Wellington, qui n'était pas arrivé, était représenté par le colonel anglais Hervey.

Les étrangers furent hautains. Le général Guilleminot, qui souhaitait en secret qu'on s'en remît au sort des armes, se montra ferme et énergique.

Wellington fit cesser en entrant les indécisions. La convention fut signée, suivant la note que M. Bignon avait rédigée et sur laquelle Blücher écrivit quelques notes au crayon.

Il supprima entre autres un article qui stipulait l'intégrité du musée. Blücher voulait emporter des tableaux. Aujourd'hui il brûlerait les tableaux, mais il emporterait les meubles et les pendules.

Il se borna à mettre, en regard de l'article 12 qui avait trait à la sûreté des personnes, le mot : « Accordé. »

On raconte que quelques noms propres avaient été cités dans cette conférence, entre autres celui du maréchal Ney : « Ça ne peut faire difficulté ! » répondit-on.

Les Prussiens se montrèrent tels qu'ils sont restés : ils pillèrent entièrement le pavillon de

Breteuil, se réservant le reste pour plus tard.

Sous la Restauration, Saint-Cloud devint la demeure de Louis XVIII, qui y passait une partie de l'année.

Charles X y signa les funestes ordonnances et Saint-Cloud vit encore la chute d'une dynastie, la branche aînée des Bourbons, qui y avait commencé deux cent quarante ans plus tôt.

En 1832, Louis-Philippe vint habiter Saint-Cloud et y fit exécuter d'immenses travaux. Après 1848, Saint-Cloud fut déclaré propriété nationale, et plus tard redevint palais impérial.

Il vit alors recommencer une série de fêtes qu'il serait trop long d'énumérer ici. Abd-el-Kader, Pedro V, roi de Portugal, le duc et la duchesse de Brabant, vinrent le visiter. Enfin, le 18 août 1855, l'empereur Napoléon III y reçut la reine d'Angleterre Victoria et le prince Albert avec une magnificence inconnue jusque-là.

Depuis lors la famille impériale passa souvent l'été dans cette résidence, entourée de personnes de la cour qui demeuraient dans les villas voisines. — L'empereur y tint en dernier lieu son conseil des ministres. — C'est à Saint-Cloud que se rendaient, au commencement de la guerre, M. Émile Ollivier, M. de Grammont, etc.

Le 20 septembre 1870, Saint-Cloud voyait arriver les Prussiens (5ᵉ corps, Basse-Silésie), *tout ce qu'il y a de plus Prussien*. Le 24, les Prussiens

Bal de Saint-Cloud en 1830.

tiraient du parc sur nos canonnières, qui remontaient la Seine venant de Suresnes.

On sait le reste. Le beau palais, dont une description détaillée serait aujourd'hui inutile, brûla du 12 au 22 octobre. Vainement les Prussiens prétendirent que les obus du mont Valérien en étaient la cause, — la foi prussienne est aujourd'hui synonyme de la foi punique, — personne ne le crut.

L'incendie du château fut le prélude. Après le château tout Saint-Cloud y passa. On vit successivement brûler les maisons Armengaud, à droite en montant, à Montretout, Pozzo di Borgho, où plus tard fut installée cette batterie de quatre-vingt-douze pièces qui, dans le second siége, devait battre le Point-du-Jour.

La maison Zimmermann tout en haut du coteau; puis ce furent les maisons du docteur Campbell, au 59 de l'avenue de Montretout; au 62, de M. Jules Levallois, critique distingué, qui perdit une partie de son intéressante bibliothèque; au 39, la maison où travaillait Gounod, le célèbre compositeur, l'auteur populaire de *Faust;* les maisons de Charles Yriarte, l'artiste qui prit une part active à cette guerre comme officier d'ordonnance du général Vinoy; la maison de M. de Foy, avec ses statues et ses guirlandes, d'un goût douteux, il est vrai, mais que les Allemands ne pouvaient comprendre, n'est-ce pas?

Enfin, sans considération pour l'artiste de talent qui lui avait été présenté en Allemagne, le roi Guillaume fit brûler par ses soldats stupides la maison de Dantan le statuaire.

Peut-être était-ce pour se venger de la leçon de français que Dantan avait donnée d'une façon si spirituelle à ses sujets, quand, se promenant aux environs de Bade, il vit une auberge avec cette enseigne : *A la cor de chasse.* Aussitôt Dantan modela en terre le portrait de l'aubergiste Herr Wilibad Ihlé, grosse tête carrée souriante, qu'il entoura d'un cor de chasse et suspendit le tout au-dessus de la porte. L'auberge *A la cor de chasse* devint aussitôt célèbre et l'aubergiste fit fortune. Cet Allemand a-t-il cassé la tête aujourd'hui?

Le pétrole ne respecta rien : la place, avec son restaurant de la Tête-Noire, célèbre par l'assassinat de Castaing; la rue Royale, la rue de l'Église, la rue d'Orléans, l'hospice, etc., etc., rien ne fut épargné.

A côté de l'hospice, la maison d'un savant modeste, le docteur Desfossez, fut aussi complétement brûlée.

Pauvre Saint-Cloud! *Dans quelques années*, dit M. L. Hans, dans son GUIDE DES ENVIRONS DE PARIS, *ceux qui ont vu les Prussiens à l'œuvre penseront à eux devant les bonshommes de pain d'épice de la foire immortelle. S'ils osaient y mettre les pieds, ce qui entraverait la circulation de suite, élève sur leur*

Maison de Dantan.

large trace un hourra d'indignation, et qu'ils ne trouvent d'asile qu'au cirque Corvi, dont les pensionnaires sont des bêtes instruites. Ne les tolère pas autour de tes braves marchands de gaufres, ils remplaceraient par une vague puanteur de choucroute le parfum de vanille qu'exhale leur confection!... Pauvre cher Saint-Cloud!

LES FILETS DE SAINT-CLOUD.

On voit dans l'estampe reproduite dans ce volume la place qu'occupaient ces fameux filets qui ont fait souvent parler d'eux, soit dans les romans, soit dans la réalité. Voici ce qu'en dit Mercier.

La Seine, à l'est, sépare Saint-Cloud de Boulogne. Le pont de pierre qui la traverse, construit en 1810, a remplacé le vieux pont qui tombait en ruine, entre les arches duquel étaient tendus les filets destinés à recueillir les épaves que le courant emportait. Quelques auteurs ont nié l'existence de ces filets; elle est formellement attestée par Mercier. « Les corps des malheureux qui se noient, dit-il, n'ont pas tous l'avantage d'avoir le vaste et superbe Océan pour tombeau, ainsi qu'ils s'en étaient flattés. Ils s'arrêtent, excepté pendant les temps de glaces, aux *filets de Saint-Cloud;* et celui qui a cru pouvoir s'échapper de ce monde sans laisser aucune trace est reconnu. Ses restes viennent attester à la Morgue son crime, son infortune et son erreur. Dans une fête publique que l'on donna, il y a trente-deux ans environ, sur le bord de la Seine, gonflée par les grosses eaux, le désordre et l'intempérance ayant fait tomber dans la rivière plusieurs personnes, le nombre s'en trouva si considérable, qu'on leva les *filets de Saint-Cloud,* afin que rien n'attestât la multitude des malheureuses victimes. On trouve souvent dans ces filets les plus singuliers débris, que le hasard entasse pêle-mêle, et que la Seine a charriés de la capitale. On dit que cela ne laisse pas que de former un revenu pour ceux qui en ont l'administration et le bénéfice. »

LA LANTERNE DE DÉMOSTHÈNES.

Le monument dont il ne reste plus aujourd'hui qu'un amas de pierres et qui s'appelait improprement *Lanterne de Diogène*, était situé dans une position admirable sur l'un des points les plus élevés des environs de Paris, qui domine à la fois Saint-Cloud, Sèvres et tout le bassin au fond duquel s'étend Paris.

Construit en 1801, il se composait d'une tour carrée, surmontée d'un modèle en terre cuite du joli monument d'Athènes, connu sous le nom de *Lanterne de Démosthènes*, ou mieux encore monument choragique de Lysicrate.

Ce monument avait été élevé à cette place, en terre cuite, par les frères Trabutchi, fabricants de poêles, qui obtinrent même pour ce travail une médaille d'argent en l'exposant en l'an XII.

Les détails avaient été copiés par Fauvel, peintre-antiquaire, correspondant de l'Institut, d'après des moulages, sur la recommandation et aux frais de M. Choiseul-Gouffier, ambassadeur de France à Constantinople et auteur d'un voyage en Orient si curieux et si intéressant.

Le mont Valérien et le pont de Saint-Cloud, vus de la lanterne de Démosthènes.

On n'avait fait d'autre changement que d'isoler les colonnes en supprimant la cloison de marbre où elles étaient engagées, à Athènes.

Dans l'origine, ce monument devait recevoir à son sommet un trépied de bronze, que la tribu acamantide d'Athènes venait de remporter pour prix du concours de chœurs dans la fête de Bacchus, et Lysicrate, sculpteur, élève de Lysippe, avait été chargé de l'exécution.

Le modèle en terre cuite avait été fait sous la direction de MM. Legrand et Molino, architectes.

GRANDS HOMMES.

Plusieurs hommes célèbres sont nés à Saint-Cloud :

Pierre de Saint-Cloud, qui vivait au xiiie siècle et qui composa en vers français le testament d'Alexandre le Grand, — roman en vers et un des premiers ouvrages en ce genre ;

Guillaume de Saint-Cloud, qui vivait au xive siècle ; c'était un astronome qui fit le premier en France les almanachs pour la reine Marie de Brabant, femme de Philippe le Hardi, princesse très-versée dans les lettres ;

Maisonneuve, littérateur assez distingué, qui fit des tragédies et publia une Bibliothèque nouvelle des campagnes en 24 volumes in-12, vers 1777 ;

Cicéri, le fameux peintre en décors.

Ascension du duc de Chartres, dans le parc de Saint-Cloud.

RENSEIGNEMENTS DIVERS.

Saint-Cloud, à 10 kil. N.-E. de Versailles, à 11 kil. de Paris. Arrondissement de Versailles, canton de Sèvres. — Télégraphe. — Chemin de fer de Paris à Versailles.

Avant la guerre, Saint-Cloud comptait près de 5,000 habitants; aujourd'hui 2,000 à peine sont revenus, et encore beaucoup d'entre eux ne trouvent-ils pas de logements. Aussi la municipalité, sous la direction d'un maire justement estimé, M. Sénard, s'est-elle occupée d'eux, et bientôt de vastes baraquements installés dans le parc leur serviront d'abris provisoires.

Restaurants. — Les restaurants de Saint-Cloud sont célèbres. Quel Parisien n'a été à Saint-Cloud manger une friture ou une matelotte? Encore avait-il le plaisir, s'il y allait le samedi, d'y rencontrer la vraie noce, la noce chantée par le regretté Paul de Kock. D'abord la Tête-Noire, en face la grille du parc, sur la place. M. Vuillemot, depuis bientôt quarante ans, dirige cet établissement, dont il ne restait, après le départ des Prussiens, que l'enseigne de zinc en forme d'écusson qui décore aujourd'hui l'installation provisoire. Heureusement, pour le nègre de l'enseigne, il n'avait pas de cadran ou pendule; car la tête noire serait aujourd'hui à Berlin.

Plus haut, l'ancien café-restaurant des Princes, tenu par M. Delcombe.

En face le pont, le restaurant du Levant.

En suivant le bord de l'eau nous trouvons les maisons Lebeau et Renaudie; plus loin, le *Rendez-vous de la marine,* et enfin le restaurant du *Belvédère,* pour des bourses plus modestes.

Dans le parc, nous voyons, à droite, le restaurant Legriel, si bien situé, avec son entrée sur l'avenue qui conduit au château. Jardin, bosquets, écurie et remise.

Cafés. — Sur la place, le café Ménage : que d'officiers j'y ai rencontrés qui ne reviendront plus s'asseoir autour de ses tables !

Le café Griminy, que préféraient le génie et les pontonniers de l'ex-garde.

Dans le parc, le café du Parc que les Prussiens n'ont pas trop abîmé, *puisqu'il en reste.* Propriétaire : M. Bourgeois.

Nous trouvons encore dans le parc des marchands de jouets, de gaufres, de pains d'épice, de coco, un grand buffet anglo-français, un photographe et les balances traditionnelles : « Au vieux soldat français ! voyons combien nous pesons ! A la mère de famille !... » Pourquoi la mère de famille ?...

A la porte du Cercle militaire, petit bâtiment bien triste aujourd'hui, on voit une pancarte ainsi conçue :

Génie ; état-major du 4ᵉ corps.

Libraire. — M. Maindron, qui demeurait anciennement rue Royale, a été forcé de passer le pont. Il attend à Boulogne, près du Rond-Point, qu'il puisse revenir à Saint-Cloud.

Arts. — Saint-Cloud a été pris pour sujet de tableaux bien souvent. Nous nous bornerons à citer, dans la peinture moderne, les tableaux de Paul Huet, au Luxembourg (une Inondation dans le parc de Saint-Cloud), et celui qui fut

Baraquements dans le parc de Saint-Cloud.

exposé au Salon, il y a quelques années, par M. Daubigny (les Cascades de Saint-Cloud).

MOYENS DE TRANSPORT.

Les moyens de communication entre Saint-Cloud et Paris sont au nombre de quatre :
1° Le chemin de fer de l'Ouest ;
2° Les omnibus du chemin de fer américain ;
3° Les omnibus du chemin de fer de l'Ouest ;
4° Les bateaux-omnibus ou les *mouches*.

1° *Chemin de fer de l'Ouest.* (Rive droite.)
Paris (Saint-Lazare).

ALLER.		RETOUR.	
Départ de Saint-Cloud.	Arrivée à Paris.	Départ de Paris.	Arrivée à Saint-Cloud.
7ʰ 17 mat.	7ʰ 49 mat.	7ʰ 20 mat.	8ʰ 02 mat.
8 17 —	8 49 —	8 30 —	9 02 —
9 20 —	9 52 —	9 30 —	10 02 —
9 46 —	10 05 —	10 30 —	11 02 —
10 17 —	10 49 —	11 30 —	12 02 —
11 17 —	11 49 —	midi 30 —	1 02 —
midi 17 —	12 49 —	1 30 —	2 02 —
1 17 soir.	1 49 soir.	2 30 —	3 02 —
2 17 —	2 49 —	3 30 —	4 02 —
3 17 —	3 49 —	4 30 —	5 02 —
4 17 —	4 49 —	5 10 —	5 30 —
5 17 —	5 49 —	5 30 —	6 02 —
6 17 —	6 49 —	6 30 —	7 02 —
7 17 —	7 49 —	7 30 —	8 02 —
8 17 —	8 49 —	8 30 —	9 02 —
9 20 —	9 52 —	9 30 —	10 02 —
10 17 —	10 49 —	10 30 —	11 02 —
min. 12 —	min. 40 —	min. 30 —	1 01 —

PRIX DES PLACES :

Semaine.		Dimanches et fêtes.	
1re classe.	2e classe.	1re classe.	2e classe.
0 75	0 50	1 00	0 75

2° *Chemin de fer américain.*

Départs de Paris.

Les omnibus partent de la station du Palais-Royal depuis 8 heures moins un quart du matin jusqu'à 11 heures moins un quart du soir. Départs toutes les demi-heures. Ils passent à la station de la place de la Concorde à l'heure et à la demie.

Départs de Saint-Cloud.

Les omnibus partent du Rond-Point de Boulogne, avant le pont de Saint-Cloud, depuis 7ʰ 7ᵐ du matin jusqu'à 9ʰ 37ᵐ pendant la semaine.

Les dimanches et fêtes, les départs ont lieu toutes les vingt minutes ou tous les quarts d'heure, suivant l'affluence du monde.

PRIX DES PLACES :

Du Palais-Royal au Rond-Point.

Semaine.	Dimanches et fêtes.
0 45	0 70

De la place de la Concorde au Rond-Point.

0 45	0 60

Nota. — Le dimanche, et seulement pour la dernière voiture de onze heures, on peut retenir ses places au Rond-Point de Boulogne pour revenir à Paris, moyennant *un franc*.

3° *Omnibus du chemin de fer de l'Ouest.*

Départs de Saint-Cloud, place d'Armes.

Ces omnibus vont jusqu'au chemin de fer d'Auteuil, par le bois de Boulogne.

Départs aux heures et aux demies, depuis 7 heures du matin jusqu'à 9 heures et demie du soir.

PRIX DES PLACES :

Semaine.	Dimanche.	Grandes eaux et fêtes de St-Cloud.
0 25	0 30	0 35

4° *Bateaux-omnibus.*

Départs de Saint-Cloud, en amont du pont.

7^h 25^m ; 9^h 25^m ; 11^h 25^m.

Après cette heure, le bateau passe à toutes les heures 25 minutes jusqu'à 8^h 25^m du soir en semaine, et jusqu'à 10 heures un quart du soir les dimanches et fêtes.

Peut-être pour la fête y aura-t-il des départs supplémentaires.

PRIX DES PLACES :

Semaine.	Dimanches et fêtes.
0 50	0 75

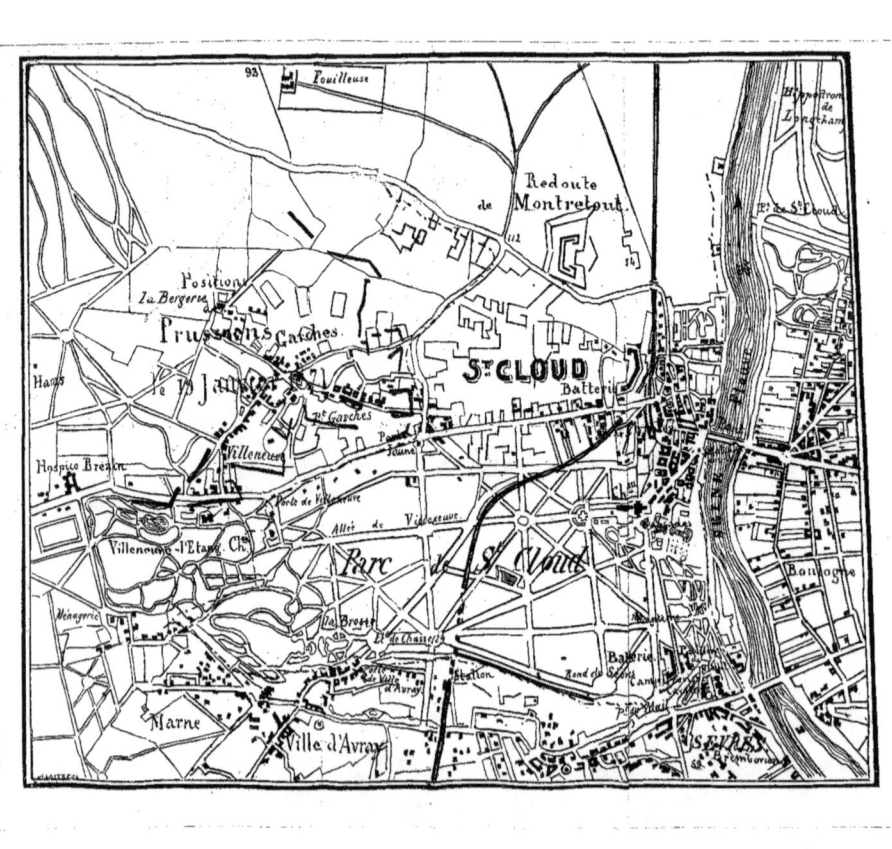

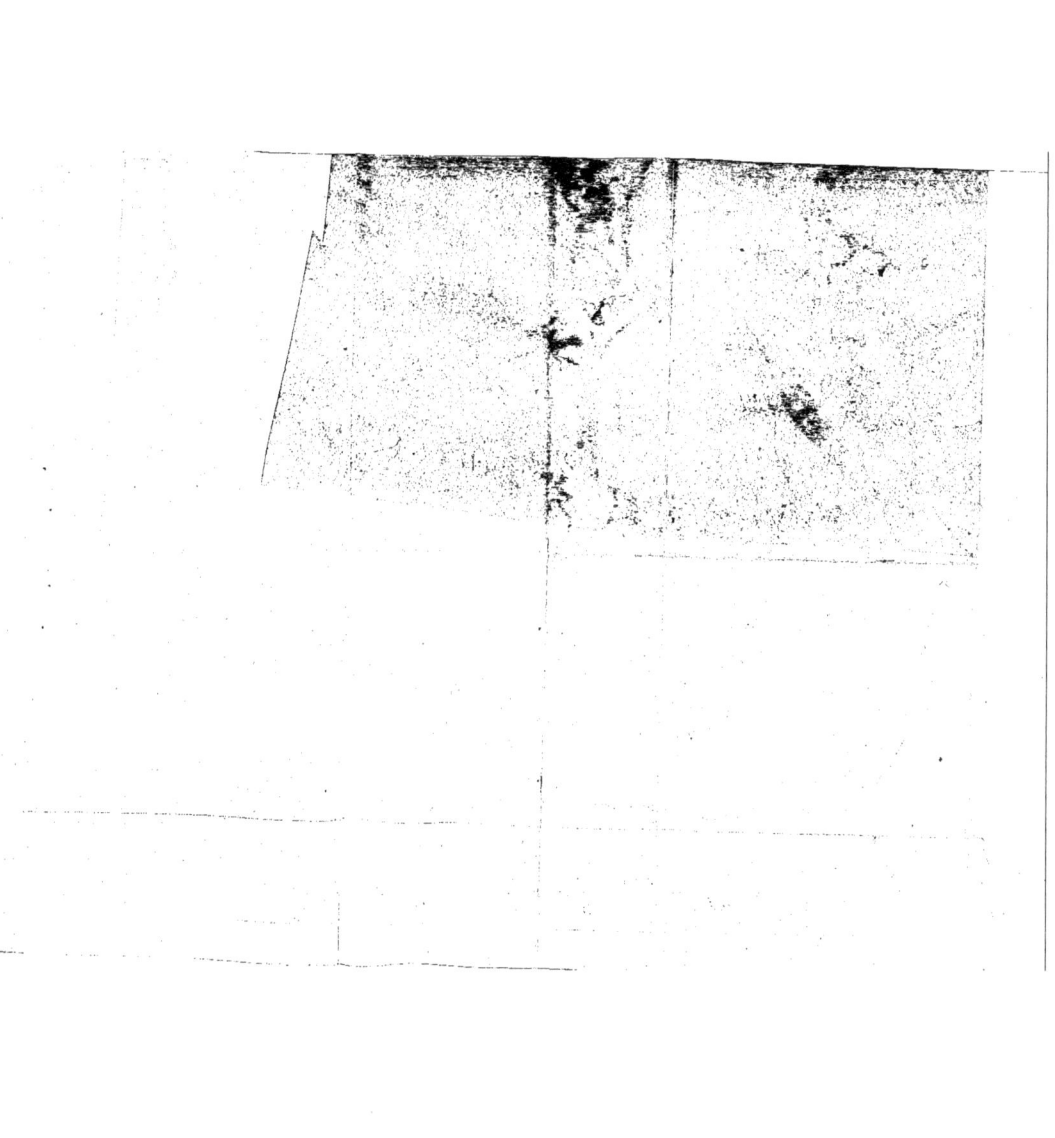

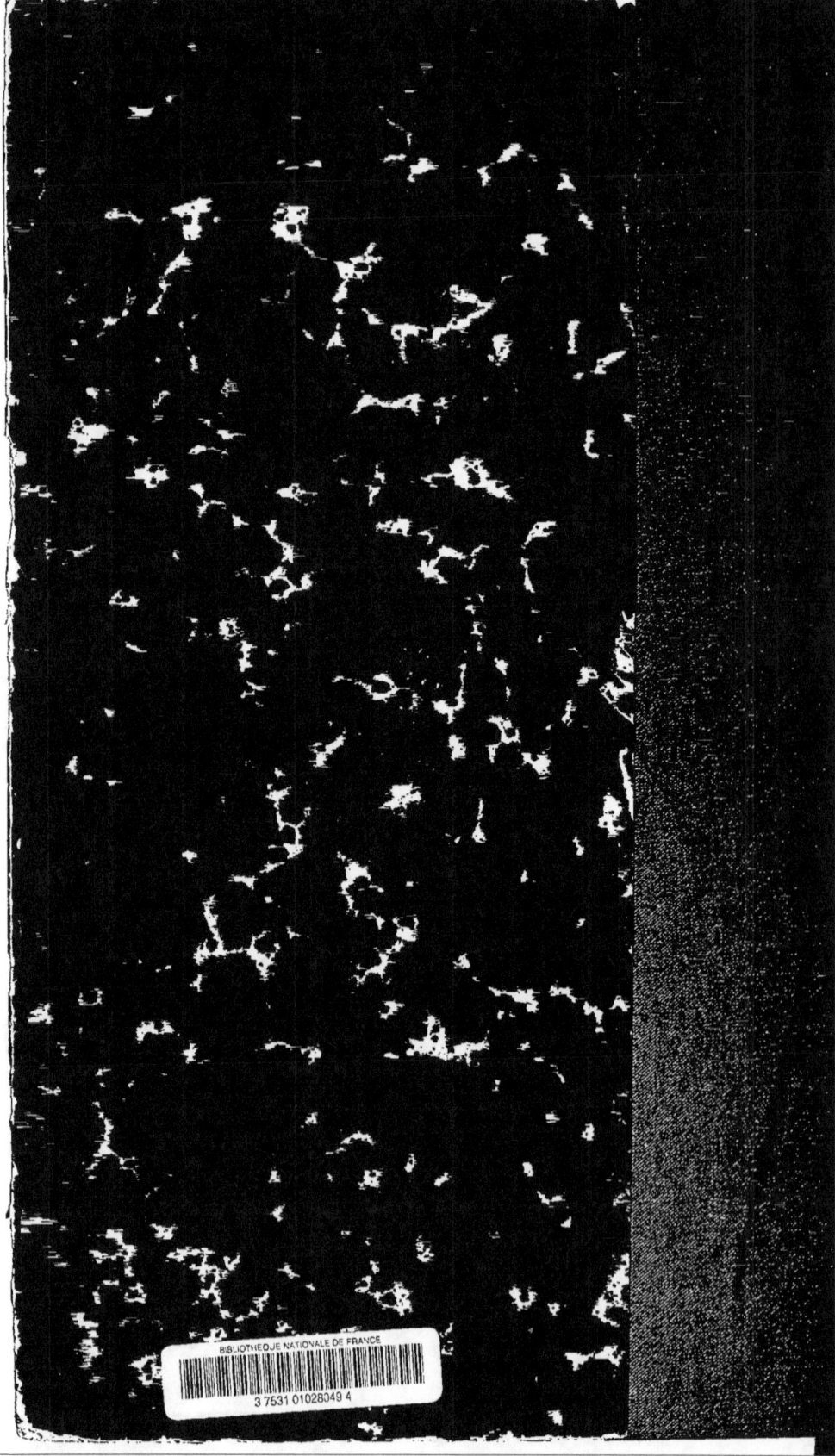

www.ingramcontent.com/pod-product-compliance
Lightning Source LLC
LaVergne TN
LVHW051513090426
835512LV00010B/2503